„Große Parkanlagen mit altem Baumbestand und zahlreichen Ruhebänken und einer sich bis zur Neiße, die das Stadtbild belebte, hinziehenden Promenade machten Görlitz zu einem mit Vorliebe von pensionierten Beamten und Offizieren aufgesuchten Ort. Die ehemalige Altstadt war ein Netz von winkligen, teilweise historisch bedeutsamen Gässchen, mit Höfen und Gärten, und die fest gefügten Mauern waren durchbrochen von malerischen Torbögen …"

Paul Mühsam (1876-1960),
lebte viele Jahre in Görlitz

Görlitz

für die
Westentasche

von
Ralf Pannowitsch

BuchVerlag
für die Frau

Titel: Wendel-Roskopf-Treppe zum Alten Rathaus mit Justitia-Standbild
S. 2 Der Dicke Turm, auch Frauenturm genannt, am Marienplatz

ISBN 978-3-89798-348-9

2. Auflage 2016

Fotos: Caritas Socialis GmbH: S. 55,
fotolia.de: S. 14/15, 26/27, 33, 37,
„Freundeskreis Görlitzer Sonnenorgel" e.V.:
S. 93, Jens Kassner: Titelfoto,
Harald Lange: S. 19,
Volker Berndt/Ralf Pannowitsch:
alle übrigen Fotos,
Verlagsarchiv: S. 2, 9, 117
Gesamtgestaltung und Stadtplan:
Lore Jacobi
Druck: Salzland Druck, Staßfurt
Bindearbeiten:
Müller Buchbinderei GmbH Leipzig

Printed in Germany

www.buchverlag-fuer-die-frau.de

Inhalt

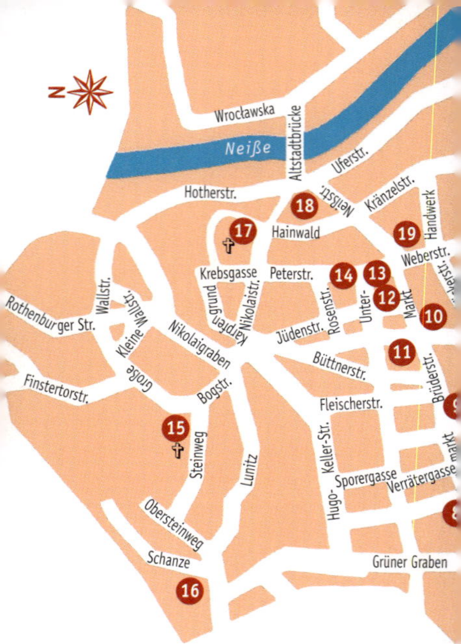
N
Wrocławska
Altstadtbrücke
Neiße
Uferstr.
Hotherstr.
Neißstr.
Kränzelstr.
18
17
Hainwald
19
Handwerk
Weberstr.
Krebsgasse
Peterstr.
14
13
12
Rosenstr.
Unter-
Markt
10
Wallstr.
Karpfengrund
Nikolaistr.
Jüdenstr.
Rothenburger Str.
Kleine Wallstr.
Nikolaigraben
Büttnerstr.
11
Große
Bogstr.
Brüderstr.
Finstertorstr.
Fleischerstr.
15
Steinweg
Lunitz
Hugo-Keller-Str.
Sporergasse
Verrätergasse
Obersteinweg
Schanze
16
Grüner Graben

Die Ziffernpunkte entsprechen den Stationen des Stadtrundganges (S. 67 bis 99).

Willkommen auf dem 15. Meridian!

Endlich, nach langer Reise, erblicken wir die bewaldete Vulkankuppe der Landeskrone, des immerhin 420 Meter hohen Hausberges der Görlitzer! Zu seinen Füßen, am äußersten Rande Deutschlands, am Grenzfluss Neiße, erwartet uns eine eigentümliche, bezaubernde alte Stadt, die Jahr für Jahr tausende Besucher in ihren Bann zieht und bisweilen sprachlos macht. In Görlitz sind böhmische Heiterkeit, sächsische Barockpracht und

Blick über die Stadt

(ja, wirklich) preußische Eleganz zu einem unvergleichlichen städtebaulichen Gesamtbild verschmolzen. Auf Schritt und Tritt stoßen wir auf verspielte Portale, gewölbte Flurhallen, wuchtige Türme, kunstvoll beschlagene Tore. Aber Görlitz hat auch melancholische Winkel, bröckelnde Gründerzeitfriese, enge bogenüberspannte Gassen.

Wo sonst kann man erleben, wie vornehm und edel eine dunkelgrau gestrichene Fassade zu wirken vermag? Und wo sonst könnten wir uns ein Stück vom spätmittelalterlichen Jerusalem anschauen? Görlitz steckt voller Dinge, die es eigentlich gar nicht (mehr) geben dürfte, voller Merkwürdigkeiten! Eine Stadt, die sich auf zwei Staaten verteilt. Ein historischer Stadtkern, der nicht das Stadtzentrum ist. Und dann diese unsichtbare Linie, die man im Stadtpark aufgefangen und mit einem Gedenkstein markiert hat – der 15. Meridian, jener Längengrad, nach dem überall in Deutschland die Uhren gestellt sind und der doch sonst durch keine deutsche Stadt verläuft.

Eigentlich gehen also nur in Görlitz unsere Uhren richtig, und schon beginnt sich unser Gefühl, ganz an die Peripherie geraten zu sein, zu verflüchtigen, und wir stehen mitten in einer reichen und verworrenen Geschichte. Mitten in Mitteleuropa. Mitten in einer Stadt, die wohl besonders deshalb so beglückend ist, weil alles an ihr nach menschlichem Maß eingerichtet scheint.

Tausend Jahre im Schnelldurchlauf

Vom Marktflecken zur stolzen Handelsstadt

Wo sich heute die Stadt Görlitz erhebt, siedelten im frühen Mittelalter bereits slawische Stämme. Eine *villa gorelic* wird im Jahre 1071 erstmals urkundlich erwähnt. Sie entstand an einer Neißefurt am Kreuzungspunkt zweier wichtiger Handelsstraßen: der Böhmischen Straße, die von der Ostsee nach Prag führte, und des in Ost-West-Richtung durch Europa verlaufenden Königsweges, der *via regia*. Auf dieser belebten Verkehrsachse, die man sich bis in das 18. Jahrhundert hinein als einen weitgehend unbefestigten, holprigen Landweg vorstellen muss, waren Menschen, Tiere, Handelswaren und Ideen unterwegs. So wurden alljährlich zehntausende Rinder aus den Weidegebieten Osteuropas auf die Viehmärkte des Westens getrieben; in die Gegenrichtung transportierte man unter anderem die kostbaren Waidballen. Aus dem Waid (auch Färberwaid oder Deutscher Indigo genannt), einem rapsähnlichen, gelbblühenden Kreuzblütler, wurde in einem aufwändigen Verfahren der begehrte blaue Farbstoff gewonnen, der für die Entwicklung des mittelalter-

S. 14/15: Restaurant Vierradenmühle unterhalb der Peterskirche und Waidhaus (links neben der Kirche)

lichen Görlitz von großer Bedeutung sein sollte. Das Weltanbauzentrum der Färberpflanze lag damals übrigens in Thüringen.

Im Gebiet der *via regia* herrschte Straßenzwang: Die Kaufleute mussten die vorgeschriebenen Wege benutzen und dafür zahlen; im Gegenzug wurde ihnen königlicher Schutz versprochen. So war gesichert, dass sich die Handelsströme auch durch Görlitz bewegten, und als die Stadt im Jahre 1339 das Waidstapelrecht erhielt (alle Händler auf der Durchreise mussten hier ihre Waidballen vier Wochen lang lagern und zum Verkauf anbieten), war das ein entscheidender Standortvorteil. Görlitz blühte rasch zu einer reichen Stadt der Kaufleute und Tuchmacher auf. Und während etwa Dres-

den später seinen Glanz dem Status als Residenzstadt verdanken sollte, waren es in Görlitz immer die wohlhabenden Bürger, die ihrer Stadt das prächtige architektonische Erscheinungsbild verliehen.
Im Jahre 1346 schlossen sich die Lausitzer Städte Bautzen, Görlitz, Zittau, Lauban, Kamenz und Löbau zum Sechsstädtebund zusammen. Dieses vom späteren Kaiser Karl IV. geförderte Bündnis sollte zunächst einmal die lokalen Raubritter in Schach halten, es verhalf den beteiligten Städten aber auch zu noch größerer politischer und wirtschaftlicher Macht. Die Blütezeit der Stadt Görlitz fiel ins 15. und 16. Jahrhundert, was sich noch heute an einer Fülle von Baudenkmalen ablesen lässt.

Um 1500 hatte Görlitz mehr als 8000 Einwohner, etwa so viele wie Leipzig oder Berlin und wesentlich mehr als Dresden. Im Stadtrat hatten die reichen Kaufherren das Sagen, während Tuchmacher und andere Handwerker kaum etwas mitbestimmen durften. Dagegen erhoben sie sich in mehreren Aufständen, die teilweise blutig niedergeschlagen wurden.

Vom 14. bis ins 17. Jahrhundert lag Görlitz im Herrschaftsbereich der böhmischen Krone. Das führte in der Reformationszeit zu einer heiklen Situation: Während die Stadt im Jahre 1525 Luthers Kirchenreform offiziell übernommen hatte, forderte der Landesherr, der böhmische König Ferdinand I., Kriegshilfe zugunsten der Katholiken von ihr ein. Görlitz und die

Görlitzer Rathaus: Wappen des Ungarnkönigs Matthias Corvinus, ab 1469 auch Herrscher über die Oberlausitz

verbündeten Städte versuchten zu lavieren und Neutralität zu wahren, was Ferdinand ihnen nicht verzieh: 1547 kam es zum sogenannten Pönfall – der Sechsstädtebund wurde mit dem Entzug aller Privilegien und mit der Zahlung hoher Bußgelder bestraft.

Obwohl Görlitz sich später einige Rechte zurückkaufen konnte, begann die städtische Souveränität zu bröckeln. Kriegswirren, Epidemien und mehrere Großbrände brachten Unstetigkeit in die Entwicklung der Stadt. So hatten 1585 zwei Händler die Pest vom Bautzener Jahrmarkt eingeschleppt – 2500 Görlitzer erlagen der Seuche.

*

Im Wechselbad der Geschichte

Nach dem Dreißigjährigen Krieg fiel Görlitz an Sachsen. Wenn man die prächtigen Barockfassaden am Obermarkt oder in der Neißstraße als Indikator nimmt, scheint es keine so trübe Ära gewesen zu sein. Während der sächsischen Herrschaft hielt auch die Aufklärungsbewegung Einzug in Görlitz: 1779 gründete sich die Oberlausitzische Gesellschaft der Wissenschaften.

Als die Napoleonischen Kriege vorüber waren, stand Sachsen auf der Verliererseite und musste beträchtliche Territorien abtreten, so auch die

S. 20/21: Der Görlitzer Obermarkt (Gemälde vom Görlitzer Maurermeister Gock, 1792)

Landstriche um Görlitz, welches nunmehr preußisch wurde. Für die Görlitzer brach ein ganz neues Zeitalter an: Die schönen Reste städtischer Autonomie musste man gegen das Eingebundensein in eine zentralistische Verwaltung eintauschen.

Vor allem aber brachte die preußische Herrschaft wirtschaftlichen Aufschwung und Industrialisierung. 1845 wurden die letzten Beschränkungen aus den alten Zunftordnungen aufgehoben, 1847 bekam die Stadt ihren Anschluss ans Eisenbahnnetz. Wichtige Fabriken wurden errichtet (Waggonbau, Brauerei), und die Einwohnerzahl wuchs stetig an, wenngleich nicht unkontrolliert. Mietskasernen und düstere Hinterhöfe hat es in Görlitz nicht gegeben, dafür eine

umsichtige Stadterweiterung nach Süden hin, bei der repräsentative Plätze angelegt wurden und Hunderte von qualitätvollen Wohnbauten mit schmiedeeisernen Balkongittern und Stuckdecken entstanden. Seit 1897 rasselten auch elektrische Straßenbahnen durch die Stadt. In dieser Zeit erhielt Görlitz den Spitznamen „Pensionopolis“ – aus ganz Preußen zogen Beamte im Ruhestand hierher.
Den Zweiten Weltkrieg überstand Görlitz wie durch ein Wunder beinahe unbeschadet – allerdings waren in den letzten Kriegstagen alle sieben Neißebrücken gesprengt worden. Das Jahr 1945 war schließlich der tiefste

S. 26/27: Die 2004 neu errichtete Fußgängerbrücke zwischen Görlitz und Zgorzelec

Einschnitt in der langen Geschichte der Stadt: Die Neiße wurde zum Grenzfluss, die östlichen Stadtteile gehörten fortan zu Polen und wurden zur neuen Stadt Zgorzelec erklärt. Die deutsche Bevölkerung dieser Viertel wurde zwangsausgesiedelt, und in die leerstehenden Häuser und Wohnungen zogen vor allem Polen aus Galizien, die ihre Heimatorte ihrerseits an die Ukraine verloren hatten.

Auch siedelte man tausende Bürgerkriegsflüchtlinge aus Griechenland an – zeitweise war beinahe jeder zweite Bewohner von Zgorzelec ein Grieche!

Görlitz gehörte fortan zur Sowjetischen Besatzungszone, aus der 1949 die DDR wurde. Nachdem man die drängendsten Versorgungs- und Flüchtlingsfragen gelöst hatte, stellte sich schnell die Frage nach dem Umgang mit dem kostbaren baulichen Erbe. In den 1950er Jahren wurden beachtliche Leistungen auf dem Gebiet der Denkmalpflege vollbracht, später hatte die Errichtung von Plattenbauten auf der grünen Wiese Vorrang. Während im Norden der Stadt das Neubauviertel Königshufen mit 6000 Wohnungen entstand, verfiel die Altstadt zusehends. Immerhin hatte es die Stadt ihrer Randlage zu verdanken, dass sie nicht ins Zentrum der urbanen Erneuerungsphantasien sozialistischer Stadtplaner rückte. Wer in den achtziger Jahren nach Görlitz kam, gewann den Eindruck einer grau gewordenen, in die Jahre gekommenen Schönheit, die würdevoll ihrem Ende entgegendämmerte.

Görlitz heute

Die deutsche Wiedervereinigung brachte für Görlitz neue Hoffnungen, aber auch Enttäuschungen. Arbeitsplätze wurden Mangelware, ganze Abiturklassen verließen die Stadt, weil sie hier keine Perspektive mehr sahen. Die Erwartung, dass Görlitz zu einer wichtigen Drehscheibe zwischen West- und Osteuropa werden und daraus neue wirtschaftliche Kraft schöpfen könnte, erfüllte sich bisher nicht. Die Einwohnerzahl schrumpfte seit 1989 um ein Viertel – heute leben hier etwa 55 000 Menschen, wobei sich die Zahlen seit einigen Jahren stabilisieren, auch dank des Zuzugs

Liebevoll restauriertes Bürgerhaus aus der Zeit um 1900

vieler älterer Menschen aus dem Westen Deutschlands.

Denn die Neißestadt ist heute so glanzvoll und attraktiv wie lange nicht mehr: Nach der Wende zur Modellstadt für die Sanierung historischer Bauensembles erkoren, profitierte sie von zahlreichen Förderprogrammen – und von privatem Engagement. Legendär ist die „Altstadtmillion", die ein unbekannter Gönner seit 1995 alljährlich für Restaurierungsarbeiten spendet. Immer mehr Touristen aus allen Teilen Deutschlands und dem Ausland lassen sich von der Schönheit der Stadt verzaubern.

Eine so unverfälscht erhaltene Altstadt lockt natürlich auch die Filmemacher an: Görlitz ist ein beliebter Drehort. Als Filmkulisse hat es das

Schmuckwappen der Stadt Görlitz

Paris der Belle Epoque verkörpert und das Heidelberg der fünfziger Jahre; Ralph Fiennes, Kate Winslet, Brad Pitt und andere Weltstars haben hier gedreht.

Aber die Görlitzer wissen, dass es nicht ausreicht, sich im Glanz des Vergangenen zu sonnen. Um Zukunft zu haben, muss die Stadt ein Wirtschaftsstandort bleiben: Heute baut Bombardier hier Doppelstockzüge, bei Siemens werden modernste Dampfturbinen gefertigt, in der Landskronbrauerei wird Bier gemacht, und die Süßwarenfabrik Hoinkis stellt wie schon vor 100 Jahren ihre legendären Liebesperlen her …

Und es stimmt hoffnungsvoll, dass man in Görlitz und Zgorzelec nicht nur nebeneinander herlebt. Beide Städte haben sich symbolisch zu einer Europastadt erklärt und kooperieren auf vielen Gebieten miteinander. Ein Sinnbild für die neue Gemeinsamkeit ist die Fußgängerbrücke, die seit 2004 wieder von der Altstadt über die Neiße führt.

Ein Zipfel Schlesien

Görlitz liegt nicht im historischen Kerngebiet Schlesiens. Erst 1815 war es preußisch und zugleich schlesisch geworden; seit 1945 gehört Schlesien weitestgehend zu Polen. Damit währte die „schlesische Ära" von Görlitz nicht so lange wie die sächsische und erst recht nicht die böhmische. Allerdings ist uns diese Zeit historisch noch sehr nahe: In den Personalausweisen vieler älterer Deutscher stehen Geburtsorte, die heute einen polnischen Namen tragen. Nach den Schrecken des Krieges und der Ausweisung der Deutschen war ein unparteiisches Sprechen über Schlesien jahrzehntelang kaum möglich, und bei manchem Vertriebenen mischte sich der Schmerz über den Verlust der Heimat mit dem Wunsch nach einer Revision der Geschichte.

In der DDR war die Erinnerung an Schlesien tabu: man wollte keine unpassenden Fragen der Nachgeborenen, keine Wunden aufreißen, die sich doch noch gar nicht geschlossen hatten. Und so blieb meist auch die randschlesische Vergangenheit der Stadt Görlitz mit Bedacht unerwähnt. Um so merkwürdiger war es, als nach 1990 die Züge wieder nach Breslau

Der Schönhof, eines der ältesten im Original erhaltenen Bürgerhäuser der deutschen Renaissance

statt nach Wrocław fuhren und in Görlitz die schlesischen Traditionen wieder hochgehalten wurden.
Sicher ist es nur natürlich, wenn man nach Jahrzehnten des Verschweigens so nachdrücklich an eine fast verlorene Vergangenheit erinnert. Inzwischen tritt aber neben das nostalgische Beschwören der Geschichte immer mehr die Neugier auf das heutige, polnische Schlesien.
Wer sich mit der Geschichte dieser Region vertraut machen möchte, sollte in Görlitz unbedingt das Schlesische Museum im Schönhof besuchen. Es stellt Schlesien als ein Gebiet vor, in dem sich über Jahrhunderte hinweg Völker, Ideen und Religionen begeg-

Keramik aus Bunzlau

neten – manchmal mit fruchtbaren, manchmal mit furchtbaren Folgen. Von mittelalterlichen Kunstwerken bis zu Dokumenten der Vertreibung reicht die Spanne der Ausstellungsstücke; die Präsentation richtet sich gleichermaßen an deutsche wie an polnische Museumsbesucher.

Beim Bummel durch die Altstadt wird man noch häufig auf Schlesisches stoßen, seien es spezielle Karten und Reiseführer oder die reizvollen Keramiken aus Bunzlau, dem heutigen Bolesławiec. Manche Bäckerei bietet Schlesischen Mohn- oder Streuselkuchen an, und geradezu ein kulinarisches Muss für jeden Görlitzbesucher ist das Schlesische Himmelreich, ein köstliches Gericht mit Kasslerfleisch, Backobst, Klößen und Zimt.

Jakob Böhme

Heinrich Heine bekannte, den Görlitzer Mystiker und Philosophen gar nicht gelesen zu haben, und zählte „das unaufhörliche Rühmen und Preisen des Jakob Böhme“ zu den Verrücktheiten der deutschen Romantiker: „Wenn sie den Namen Jakob Böhme aussprachen, dann schnitten sie ihre tiefsinnigsten Gesichter.“ Und überhaupt wisse man nicht, ob dieser sonderbare Schuster wenigstens gute Stiefel gemacht habe …

Viele deutsche Philosophen haben das Werk des Oberlausitzer Autodidakten ungleich ernster genommen: Schelling, Hegel und Marx verwiesen auf den zukunftsweisenden Kern der Böhmeschen Spekulationen. Laut Hegel habe dieser Denker „eine ungeheure barbarische Kraft, die Wirklichkeit als Begriff zu gebrauchen". Dies macht die Lektüre seiner Schriften schwierig und reizvoll zugleich.

Denn als Böhme um 1610 antrat, seine Gedanken über Gott und die Welt niederzuschreiben, verfügte das Deutsche noch über kein ausgefeiltes philosophisches Begriffsinventar. So musste sich Böhme zunächst eine Sprache erfinden. „Herbigkeit", „Grimmigkeit", „Süße" und andere merkwürdige Begriffe spielen bei ihm eine zentrale Rolle; alle sind sie abstrahiert von ihrem ursprünglichen

Jakob Böhme (1575-1624)

Sinn. Und doch können wir Böhmes philosophische Schriften auch einfach als Poesie lesen, deren Bildkraft und Sprachgewalt uns in ihren Bann ziehen wird, je länger wir uns auf sie

einlassen – „je länger, je sehrer“, um es mit Böhme zu sagen.
Jakob Böhme ging es um die Entsprechungen zwischen Makrokosmos und Mikrokosmos, um die Erkenntnis der Natur und die Erkenntnis Gottes aus der Natur. Gutes und Böses liegen in allem Natürlichen, auch im Menschen, „ineinander wie ein Ding“. Und jedem Ding wohnt ein Impuls nach Veränderung, Entwicklung inne.
Der im Jahre 1575 geborene Jakob Böhme ist seit Kindertagen von kränklicher Konstitution. Nach mystischen Erleuchtungen beginnt er zu schreiben; sein Hauptwerk *Aurora oder Morgenröte im Aufgang* beschert ihm neben einflussreichen Gönnern auch erbitterte Feinde. Die orthodoxen Lutheraner wittern Ketzerei. „Soviel

Jakob-Böhme-Haus (3. von links) am rechten Neißeufer, Zeichnung von 1866

Zeilen sind, soviel Gotteslästerungen sind in des Schusters Büchern zu finden", giftet der Görlitzer Oberpfarrer Gregor Richter. „Geh nur geschwind und ziehe weit weg, du leichtfertiges gotteslästerliches Maul ..." Es folgen Verhöre, Schreibverbot, kurzzeitiger Fortgang aus Görlitz, Erschöpfung und 1624 ein früher Tod. Noch sein von Freunden gestiftetes Grabkreuz wird geschändet.

Und doch: Kein anderer Görlitzer hat über die Jahrhunderte und über die Grenzen Deutschlands hinweg eine solche Tiefenwirkung entfaltet; so unterschiedliche Denker und Künstler wie Karl Marx und Rudolf Steiner, William Blake und Albert Schweitzer haben ihn gerühmt und sich auf ihn bezogen.

Längst schon ehrt die Stadt Görlitz das Andenken ihres großen Sohnes: Es gibt eine Jakob-Böhme-Straße, eine sehenswerte Gedenkausstellung in der Nikolaikirche und natürlich das Grab des *philosophus teutonicus* auf dem Nikolaifriedhof.

Görlitzer Persönlichkeiten

Wendel Roskopf der Ältere (um 1480-1549) war ein bedeutender Baumeister an der Schwelle von der Spätgotik zur Renaissance. 1526, kurz nach einem verheerenden Stadtbrand, wurde er zum Ratsbaumeister von Görlitz ernannt. Seine Bauten prägen das Gesicht der Altstadt bis heute: der Schönhof, die berühmte Rathaustreppe, mehrere Bürgerhäuser. Spuren seines Wirkens finden sich auch in anderen schlesischen Städten (Lieg-

S. 48/49: Der Rathaus-Innenhof, ein Meisterwerk von Wendel Roskopf d. Ä.

nitz, Breslau). Seine Bauten zeugen von der – bisweilen noch tastenden und unsicheren – Aneignung des von Italien in den Norden ausstrahlenden Renaissancestils. Ironischerweise entgeht den meisten Görlitzbesuchern Roskopfs reifstes und stilsicherstes Werk – der in einem Innenhof liegende Archivflügel des Rathauses.

Ehrenfried Walther von Tschirnhaus (1651-1708) war ein Universalgelehrter der Frühaufklärung, ein wahrer Tausendsassa: Mathematiker, Mineraloge, Philosoph, Materialforscher …
In Görlitz besuchte er das Gymnasium. Das Stadthaus der Adelsfamilie kann man noch heute in der Nikolaistraße betrachten. Tschirnhaus selbst hielt sich zumeist auf seinem nahe

gelegenen Landgut Kieslingswalde auf, wo er rastlos forschte und experimentierte. Die von ihm erfundenen Brennspiegel machten es möglich, Temperaturen von 1400 Grad Celsius zu erreichen – eine Voraussetzung für die Porzellanherstellung. August der Starke beauftragte Tschirnhaus damit, den Alchemisten Böttger zu beaufsichtigen und anzuleiten. Aus dieser Konstellation entsprang die Erfindung des europäischen Porzellans. Bis heute streiten die Experten darüber, wem der Hauptanteil an dieser epochalen Innovation zukommt.

Gustav Fröding (1860-1911), Lyriker, kam im Jahre 1889 deprimiert, menschenscheu, apathisch und alkoholabhängig nach Görlitz, um im renommierten *Universal-Nervensanatorium* von Dr. Kahlbaum Heilung zu suchen. 400 Kronen monatlich kostete den jungen Schweden der Kur-Aufenthalt. Kahlbaums Einrichtung war damals eine der modernsten Europas: Die Patienten wurden physio- und psychotherapeutisch betreut, sie machten Handwerksarbeiten und begegneten einander in der Bibliothek oder im Musikzimmer. Obwohl sich Fröding über die „zu ungestüme Gymnastik" und das fette Essen beklagte, besserte sich sein Zustand allmählich.

Er studierte die deutsche Literatur und Philosophie und schrieb selbst zahlreiche Verse, die er zu seiner ersten Gedichtsammlung *Gitarre und Ziehharmonika* vereinte. Dieses Buch begründete in Schweden seinen bis heute währenden Ruhm. Nach einem Jahr verließ Fröding die Neißestadt wieder. Sein Resümee: „Es war außerordentlich schön. Stellenweise."

Der in Görlitz geborene *Paul Cassirer* (1871-1926) entstammte einer jüdischen Unternehmerfamilie. 1898 gründete er in Berlin seine „Kunst- und Verlagsanstalt", die besonders der künstlerischen Avantgarde der Jahrhundertwende eine Bühne bot.
Ob Liebermann, Slevogt, Corinth, Barlach, Kokoschka oder Chagall – alle fanden eine Heimstatt in seinem legendären Verlag. Auch namhafte Autoren wie Else Lasker-Schüler, Heinrich Mann oder Frank Wedekind prägten das Verlagsprofil.

Hildegard Burjan (1883-1933) war eine bedeutende Figur der katholischen Sozialbewegung. In Görlitz in einer jüdischen Familie geboren, studierte sie in der Schweiz, konvertierte 1909 zum Katholizismus und ging nach Wien. Für die Christlichsoziale Partei zog sie als erste Frau ins österreichische Parlament ein. Hildegard Burjan engagierte sich für Frauenrechte, forderte gleichen Lohn für gleiche Arbeit und gründete die *Caritas Socialis,* eine Schwesterngemeinschaft, die bis heute vielfältigen karitativen Aufgaben nachgeht. Im Januar 2012 wurde Hildegard Burjan im Wiener Stephansdom selig gesprochen.

Die Sozialreformerin Hildegard Burjan, 1928

Johannes Wüsten (1896-1943) war zwischen den Weltkriegen der wichtigste Görlitzer Künstler. Bedeutsam ist vor allem seine Rückbesinnung auf die alte, von Dürer perfektionierte Technik des Kupferstichs.
Wüstens Bilder stehen zwischen Expressionismus und Neuer Sachlichkeit; häufig tragen sie groteske und gesellschaftskritische Züge. Der Künstler engagierte sich gegen den aufkommenden Faschismus und musste in die Tschechoslowakei und später nach Frankreich emigrieren. Dort wurde er interniert und an die Gestapo ausgeliefert. Im Zuchthaus Branden-

Johannes Wüsten, Selbstbildnis mit der Stadt Görlitz im Hintergrund, Kupferstich 1930, Kulturhistorisches Museum Görlitz

1930

burg-Görden starb er an Tuberkulose. Mit einer Johannes-Wüsten-Straße und einer Denkmalbüste erinnert die Stadt Görlitz an ihn.

Arno Schmidt (1914-1979) zählt zu den eigenwilligsten und experimentierfreudigsten deutschen Erzählern des 20. Jahrhunderts. In Görlitz besuchte er die Oberrealschule, die er 1933 mit dem Abitur abschloss. Splitter von Erinnerungen an die Stadt finden sich beispielsweise in seiner Erzählung „Leviathan". Vor einigen Jahren erhielt die Oberlausitzische Bibliothek der Wissenschaften eine kostbare Arno-Schmidt-Sammlung, unter anderem mit handsignierten Erstausgaben.

Sagenhaftes Görlitz

Der Nachtschmied

In Görlitz lebte einst ein geschickter und fleißiger Schmied, der in Kirchgang und Gebet weniger Eifer zeigte. Eines Tages bot ihm ein Knecht seine Dienste an, ein hinkender, rothaariger und buckliger Mann von wenig einnehmendem Wesen. Beim Schmieden jedoch vollbrachte er wahre Wunder und stellte auch die kompliziertesten Werkstücke in erstaunlich kurzer Zeit fertig.

Dem Meister blieb nun jede Menge Muße für Wirtshausbesuch und Kartenspiel. Eines Abends kam zu ihm ein schwarz gekleideter Junker mit einem Eilauftrag: ein Gitter für seine Gruft, das bis Mitternacht des dritten Tages unbedingt fertig sein müsse! „Dafür möcht ich wohl Leib und Seel verpfänden, dass alles zu der Zeit fertig werde", meinte der Meister leichthin. Sein Knecht machte sich ans Werk, und tatsächlich war die Schmiedearbeit am dritten Abend vollendet – bis auf einen einzigen Ring.

Der Meister stellte sich nun selbst an den Amboss, aber wieder und wieder zersprang ihm das Eisen. Als die Glocken um Mitternacht zu läuten begannen, tat sich unter seinen Füßen die Erde auf und verschlang ihn. Seither

Prachtvolle Ladentreppe am Obermarkt

können die Bewohner mancher Häuser des Obermarkts sein nächtliches Hämmern in der Tiefe vernehmen.
(Nach einer Untersuchung des Phänomens erklärten Wissenschaftler, die seltsamen Geräusche seien nichts anderes als das Gurgeln von Grundwasseradern …)

*

Die Sage vom Klötzelmönch

Ein junger Handwerker auf Wanderschaft war nach einem langen Tag auf der *via regia* in Görlitz angelangt. Die Glocken der Minoritenkirche riefen zur Messe, unser Handwerker trat ein, betete und – versank in Schlaf. Da niemand ihn bemerkte, wurde er eingeschlossen. Gegen Mitternacht

weckten ihn schlurfende Schritte: Ein hässlicher Mönch schleifte eine leblose junge Frau an den Haaren hinter sich her. Dann hob er eine Platte aus dem Kirchenboden und versteckte den Leichnam darunter. Am nächsten Morgen glaubte der Handwerker, alles nur geträumt zu haben, doch als er hörte, dass man ein Mädchen vermisste, meldete er sein Erlebnis dem Bürgermeister.
Der Mönch gestand beim Verhör seine Missetat und wurde zur Strafe lebendig eingemauert. Weil seine Seele keine Ruhe fand, hörte man ihn des Nachts weiterhin herumschlurfen und mit seinen „Klötzelschuhen" oder Holzpantoffeln klappern. Im 19. Jahrhundert fand man bei Umbauarbeiten seine (?) eingemauerten Gebeine.

Der dreibeinige Hund

Jahr für Jahr in der Christnacht tauchte in Görlitz, sobald die Glocken Mitternacht schlugen, wie aus dem Nichts ein gruseliger schwarzer Hund auf. Er war so groß wie ein Kalb, seine Augen leuchteten wie glühende Kohlestücke, und obgleich ihm ein Bein fehlte, galoppierte er rasend schnell durch die Gassen der Altstadt, ehe er im sogenannten „Hundeloch" verschwand.

Die Wachen wussten über die Erscheinung Bescheid und stellten sich dem gespenstischen Tier nicht entgegen. Einmal jedoch spottete ein verwegener junger Torwächter über die Furcht

Altstadtimpression:
Typische Görlitzer Gasse mit Bogen

seiner Kameraden und baute sich mit seinem Spieß mitten im Stadttor auf, um dem dreibeinigen Hund den Weg zu versperren. Das Tier kam angerannt, fletschte die Zähne, sträubte sein zottiges Fell und – sprang hoch über das Tor hinweg. Der junge Torwächter indes lag ohnmächtig und schlimm zugerichtet da. Als er wieder zu sich kam, konnte er sich an nichts erinnern; er blieb verwirrt und krank und starb drei Wochen darauf.
Bei Restaurierungsarbeiten im heutigen Gasthaus „Dreibeiniger Hund" in der Büttnerstraße entdeckte man einen Ziegel mit Abdrücken von Hundepfoten – wahrscheinlich eine abergläubische Vorkehrung, um den schwarzen Geisterhund fernzuhalten.

Ein beinahe klassischer Stadtrundgang

Vom Bahnhof kommend, bewegt man sich mit diesem Rundgang mehr oder weniger in Uhrzeigersinn um Stadtzentrum und Altstadt. Es ist empfehlenswert, einen zusätzlichen Stadtplan, auf dem die Sehenswürdigkeiten verzeichnet sind, mitzuführen. Und noch eine Warnung vorab: Wenn man die Museen auch von innen kennenlernen möchte, wird ein einziger Tag nicht ausreichen!

1 Straßburg-Passage: In lichtem und edlem Jugendstilambiente präsentiert sich der 1908 erbaute Durchgang zwischen Berliner Straße und Wilhelmsplatz. Behutsam und aufwändig saniert, ist die Passage nun wieder der Mittelpunkt des Görlitzer Geschäfteviertels.

2 Postplatz: Gebäude des 19. und frühen 20. Jahrhunderts prägen das Erscheinungsbild der repräsentativen ovalen Platzanlage. Am Postamt prangen allegorische Figurengruppen und der preußische Adler. Die Nordseite wird vollständig vom ehemaligen Hotel Viktoria eingenommen, einem Bau von großstädtischen Dimensionen.
Die den marmornen Kunstbrunnen krönende elegante Frauenfigur er-

Postplatz mit „Muschelminna"

hielt vom Volksmund den Spitznamen „Muschelminna". 1887 aufgestellt, wurde sie im Zweiten Weltkrieg demontiert und ausgelagert und ist seitdem verschollen. Erst seit 1994 ziert eine neugegossene Minna wieder den Platz. Eindrucksvoll ist auch das Bankgebäude an der südwestlichen Ecke des Platzes mit seinem massigen Baukörper und der grau-schwarz-goldenen Fassade.

3 Frauenkirche: Als die dreischiffige spätgotische Kirche in den Jahren 1449-86 entstand, lag sie noch vor den Toren der Stadt. Besonders sehenswert sind die Gewölbedecke, das gotische Maßwerk der Orgelempore und die schöne Verkündigung außen über dem Westportal.

4 Senckenberg Museum für Naturkunde (Marienplatz): Hervorragendes Museum und bedeutende Forschungseinrichtung mit zweihundertjähriger Tradition. Präsentiert werden u. a. Vögel und Säugetiere der tropischen Regenwälder sowie Flora und Fauna der Oberlausitz. Im Keller tummeln sich lebendige Basilisken, Stachelrochen, Ringelnattern und anderes Getier, das man sich gern hinter Glas anschaut.

5 Ehemaliges „Kaufhaus zum Strauß" (Marienplatz): Das 1913 eröffnete Jugendstilwarenhaus ist in seiner Art einmalig in Deutschland und eine der meistbewunderten Sehenswürdigkeiten der Stadt. Das reich verzierte Glasdach, die riesigen Kronleuchter, die vornehmen dunkelbraunen Holztreppen, die Säulen und der üppige figürliche Schmuck machten es zu einem luxuriösen Tempel des Konsums.

6 Dicker Turm und Annenkapelle (Marienplatz und Annengasse): Der weiße Rundturm mit mächtigen Mauern entstand im 14. und 15. Jahrhundert und wird von einem Sandsteinwappen (Briccius Gauske, 1477) geziert. Die Annenkapelle (1508-12) war ursprünglich der private Andachtsraum des Patriziers Hans Frentzel; heute dient sie als Aula eines Gymnasiums. Beeindruckend ist vor allem das üppige Netzgewölbe.

Blick in die Halle des ehemaligen Kaufhauses zum Strauß (z. Zt. leerstehend)

7 Kaisertrutz (Demianiplatz): Die gedrungene, massive Barbakane – ein runder Festungsbau – zählt zu den Wahrzeichen von Görlitz. Sie wurde um 1490 errichtet und hatte sich unter anderem im Dreißigjährigen Krieg während der Belagerung durch kaiserliche Truppen zu bewähren. Die stadtauswärts liegenden Partien des Rondells haben eine Mauerstärke von mehr als vier Metern. Künftig soll der Kaisertrutz eine „Galerie der Moderne“ beherbergen. Vor der Bastei erhebt sich der Reichenbacher Turm mit quadratischem Unterteil (14. Jh.), zylindrischem Oberturm (spätes 15. Jh.) und barocker Haube. Von oben genießt man eine schöne Aussicht auf die Stadt und ihre Umgebung. Links vom Kaisertrutz leuchtet das Görlitzer Theater, im Kern ein klassizistischer Bau (1850/51), der wegen seines prächtigen Zuschauerraumes oft als „kleine Semperoper" bezeichnet wird.

8 Obermarkt: Der langgezogene Platz diente einst dem Getreide- und Salzhandel. Er wird von zahlreichen schönen Bürgerhäusern gesäumt; am bekanntesten ist das „Napoleonhaus" (Nr. 29), das wohl bedeutendste barocke Wohngebäude der Stadt. Von seinem Balkon aus verfolgte der Kaiser der Franzosen im August 1813 eine Truppenparade. Das rechts angrenzende Eckhaus ist überraschenderweise

S. 76/77: Ein Wahrzeichen von Görlitz: der Kaisertrutz

ein Neubau aus früher DDR-Zeit. Hier war eine der wenigen Kriegslücken zu schließen, was man behutsam und in Anlehnung an historische Vorbilder tat.

9 Dreifaltigkeitskirche (Obermarkt): Ursprünglich war dies die Klosterkirche der Franziskaner. Schon von Weitem fällt sie durch ihren beinahe nadelförmigen, ein wenig abseits stehenden gelben Turm auf. Seit fast 500 Jahren gilt der Brauch, dass seine Uhr stets sieben Minuten vorgehen muss. Das Kircheninnere – in dem der Sage nach einst der Klötzelmönch eine Leiche versteckte – erzeugt einen merkwürdigen Raumeindruck. Sehenswert sind vor allem der spätgotische Altar mit Maria im Strahlenkranz und die Grablegungsgruppe (1492/93 von Hans Olmützer).

10 Schönhof (Brüderstraße/ Untermarkt): Mit diesem legendären Wohnhaus, das Wendel Roskopf d. Ä. 1526 errichtete, hält die Renaissance Einzug in die Görlitzer (und vielleicht überhaupt die deutsche) Profanarchitektur. Auffällig sind der über zwei Geschosse reichende Eckerker und die Laube im Erdgeschoss. Das Innere birgt kostbare Holzdecken aus der Entstehungszeit. Heute ist hier das Schlesische Museum zu Hause.

11 Rathaus (Brüderstraße/ Untermarkt): Als Wendel Roskopf d. Ä. das mittelalterliche Gebäude nach 1530 im Renaissancestil umbaute, entstand

Zwischengeschoss bis unters Dach reichen. Diese ausgedehnten Hallen mit ihren manchmal abenteuerlichen Treppenführungen machten eine ausreichende Belichtung und Belüftung der oft sehr tiefen Kaufmannshäuser möglich.

13 Flüsterbogen (Untermarkt 22): Eine der beliebtesten Touristenattraktionen von Görlitz ist dieses spätgotische Portal. Die Worte, die man an einer Seite des Bogens in die Hohlkehlen flüstert, sind am anderen Ende überraschend deutlich zu vernehmen. Eine Fernsprechanlage, die seit einem halben Jahrtausend störungsfrei funktioniert!

Flüsterbogen am Untermarkt

22

14 Ratsapotheke (Untermarkt/ Peterstraße): Das Renaissancebürgerhaus hat eine bunte, reich dekorierte Fassade, an welcher vor allem die Sonnenuhren von Zacharias Scultetus (1550) auffallen. Nach seinem jüngeren Bruder Bartholomäus ist das Scultetushaus (Peterstraße 4) benannt. Bartholomäus Scultetus war ein renommierter Mathematiker, Kartograph und Historiker; mehrmals wurde er zum Bürgermeister gewählt. Sein Wohnhaus enthält einen wunderschönen, italienisch wirkenden Innenhof mit offenen Galerien auf zwei Stockwerken.

Ehemalige Ratsapotheke mit zwei historischen Portalen und Räumen mit originalem Interieur von 1550 im ersten Stock.

Bücher
fast

15 Nikolaivorstadt: Das Gebiet um Steinweg, Bogstraße und Lunitz ist vielleicht der älteste Siedlungskern von Görlitz. Einst wohnten hier vor allem einfache Handwerker, so dass die Gebäude schmaler, niedriger und schlichter sind als in der Innenstadt. Dennoch bezaubern die geschlossenen historischen Straßenzüge.

Die turmlose spätgotische Nikolaikirche (1452-1520) wurde nach dem Ersten Weltkrieg zu einer unverwechselbaren Gefallenen-Gedenkstätte umgebaut: Expressionistisch zuckt die rotgrauweiße Bemalung der Stahlbetonpfeiler, beklemmend wirkt die rie-

Die Jesus-Bäckerei im Nikolaigraben 3, eine Station des ehemaligen Görlitzer Kreuzweges

JESUS
BÄCKEREI
Pfannkuchen
Windbeutel
Ananas-Sahne Schnitte
Erdbeertorte
Knacker
Schnitzel
Frikadelle
Pizza
belegte Brötchen

sige Wand mit den Namen der Kriegsopfer. Heute ist die Kirche Heimstatt einer Ausstellung von Bildern und Kunstobjekten, die vom Lebensweg und der Gedankenwelt Jakob Böhmes inspiriert sind. Der große Mystiker und Philosoph liegt auf dem angrenzenden Nikolaifriedhof begraben, einem stimmungsvollen, seit Langem aufgegebenen Gottesacker mit vielen barocken Grabmonumenten.

16 Heiliges Grab (Heilige-Grab-Straße): Der Bürgermeistersohn Georg Emmerich hatte die Tochter eines Ratsherrn geschwängert, weigerte sich jedoch, sie zu heiraten. Um der drohenden Exkommunizierung zu entgehen, begab

Barocke Grabkreuze in der Nikolaikirche

er sich 1465 auf eine Pilgerfahrt nach Jerusalem.

Nach seiner Rückkehr ließ er in Görlitz die heiligen Stätten möglichst originalgetreu nachbauen. So wurde das wohl verblüffendste Bauensemble der Stadt geboren: die zweigeschossige gotische Heiligkreuzkapelle, das Salbhäuschen mit einer Beweinung Christi und die eigentliche Grabkapelle, die so aussieht, als hätte man sie direkt aus einer maurischen Stadt an die Neiße versetzt. Gleichzeitig entstand durch die bewusste Gestaltung des Geländes um das Heilige Grab so etwas wie ein ganz früher „Landschaftspark". Und während die heiligen Stätten in Jerusalem seit Emmerichs Zeiten mehrfach überbaut und umgestaltet worden sind, kann man in Görlitz bis heute nachempfinden, wie sie sich dem Pilger im Spätmittelalter dargeboten haben müssen.

17 Pfarrkirche St. Peter und Paul (Bei der Peterskirche): Die mächtige Hauptpfarrkirche der Stadt ist eine spätgotische Hallenkirche aus dem 15. Jahrhundert. Von einem Vorgängerbau stammt das Westportal mit reicher, noch romanisch anmutender Ornamentik (1235). Überwältigend sind die Helligkeit und Weite des Innenraums, der nach einem Brand im Barockstil ausgestaltet wurde. Sehens- und hörenswert ist die berühmte Sonnenorgel (Eugenio Casparini, 1703), an deren Prospekt viele kleine Pfeifen strahlenförmig um „Sonnengesichter" herum angeordnet sind.

18 Waidhaus (Bei der Peterskirche 8): Hoch über der Neiße steht eines der ältesten Bauwerke der Stadt, das bereits im 12. Jahrhundert erwähnt, aber im Laufe der Jahrhunderte mehrfach verändert wurde. Sein Name verweist darauf, dass es als Stapelhaus für die Färbepflanze Waid diente. Heute beherbergt es die Werkstätten des Fortbildungszentrums für Handwerk und Denkmalpflege. Hier kann man sich u. a. darin schulen lassen, wie man ein Fachwerkhaus restauriert oder Marmor-Imitationen anfertigt.

Sonnenorgel in der Pfarrkirche St. Peter und Paul

19 Biblisches Haus (Neißstraße 29): Die Fassade des Renaissancehauses von 1570 ist der reinste Bilderbogen: Die Sandsteinreliefs in der unteren Reihe zeigen Szenen aus dem Alten Testament, während über ihnen die „Entsprechungen" aus dem Neuen Testament dargestellt sind. So sieht man direkt über dem Sündenfall die Geburt Christi, der die Erlösung von der Erbsünde ermöglichen sollte.

Gleich nebenan, in der Neißstraße 30, hatte die Oberlausitzische Gesellschaft der Wissenschaften ihren Sitz. Das barocke Stadtpalais war ursprünglich von dem Damastgroßhändler Ameiß errichtet worden, dessen frisch restaurierte Wohnräume mit

Fassadendetail am Biblischen Haus

DEN

prächtigen Stuckdecken man besichtigen kann. Vor allem aber lohnt ein Rundgang durch die Museumsräume, in denen die Sammlungen der gelehrten Gesellschaft ausgestellt werden: Kostbare frühe Drucke sind ebenso zu bestaunen wie ein Giraffenklavier, Elektrisier-Maschinen, altägyptische Krokodilsmumien oder ein Freimaurerzimmer.

20 Fleischerei Büchner (Foto):
Das Geschäft in der Bismarckstraße 3 besitzt eine wundervolle Ladeneinrichtung aus dem frühen 20. Jahrhundert. Die Villeroy&Boch-Fliesen zeigen in warmen, satten Farben eine ländliche Idylle mit glücklich weidenden Kühen und darunter ein kühl-frisches blau-weißes Dekor.

21 Neue Synagoge (Otto-Müller-Str.): Der monumental wirkende Bau mit reich dekorierter Kuppelhalle wurde 1909-11 von William Lossow und Max Hans Kühne errichtet. Sie ist eine der ganz wenigen deutschen Synagogen, die im Jahre 1938 die Pogromnacht überstanden: Die Görlitzer Feuerwehr war ausgerückt und hatte den Brand pflichtbewusst gelöscht! Heute beherbergt das Haus ein Kultur- und Begegnungszentrum.

Neue Synagoge

Geheimtipps für den neugierigen Spaziergänger

Alte Mauerinschriften und aufgemalte Werbebotschaften sind kostbare Gebrauchsspuren einer Stadt, Zeugnisse vom Alltagsleben vergangener Generationen. Andernorts hat man sie häufig wegrestauriert, um ein „sauberes" und makelloses Stadtbild zu schaffen. In Görlitz aber wird man mit Freude und Rührung auf viele dieser Ablagerungen gelebten Lebens stoßen. Die ältesten sind alles andere als flüchtig, sondern für die Ewigkeit in Stein geritzt.

In der Verrätergasse findet man ne-

Mauerinschrift im Stadtpark

ben einem etwas dubiosen Durchgang das rätselhafte Kürzel „DVRT 1527": *Der Verräterischen Rotte Tor*. Die verräterische Rotte – das waren Handwerker, die sich im besagten Jahr gegen das reiche Patriziat erheben und mehr Mitbestimmung im Stadtrat durchsetzen wollten. Der Aufstandsplan sickerte vorher durch, die Rache war blutig. Neun der Aufrührer wurden hingerichtet.

Heiterer stimmt eine Inschrift an einem Portal neben der Nikolaikirche. Hier wird dem Nachbarn auf originelle Weise bedeutet, er solle sich um seinen eigenen Dreck kümmern: „Kehre erst vor deiner Thür / alsdenn komm und hilff auch mir.“

Ein breites Grinsen ruft bei vielen Touristen auch der „Hühnerologische Verein“ hervor, dessen Begründer Robert Oettel auf einer Tafel am Untermarkt geehrt wird.

Noch recht zahlreich sind Reklameinschriften der Zeit um 1900: „Elektrische Ofenreinigung, ruß- und staubfrei. Fernruf 2837“ oder auch „Täglich frische Milch und Sahne. Landbrod, Butter, Käse, Eier u. s. w.“ In der Langen Straße verkaufte G. Schubert „Arbeiterbekleidung und Heeresmaterialien“. Am Fischmarkt gab es einst ein „Kräftiges Mittagessen zu 20 Pfg.“! In der Bergstraße steht an einer roten Ziegelmauer in mannshohen, allmählich verblassenden weißen Lettern „Wählt Thälmann!“. Dieser Slogan stammt allerdings aus DDR-Zeiten, als Görlitz wieder einmal Filmkulisse war …

*

Schade, dass sich nur wenige Kulturtouristen ins Stadtviertel südlich vom Bahnhof verirren! Das Bahnhofsgebäude selbst ist schon ein Augenschmaus; die Empfangshalle mit ihren funkelnden Leuchtern und der Deckenausmalung in Blau und Chamois wurde sorgsam restauriert. Jenseits der Gleise erheben sich in

seltener Geschlossenheit herrliche Wohnbauten aus der Gründerzeit. Das Ensemble in den Straßenzügen rund um den Sechsstädteplatz zeugt vom hohen Stilbewusstsein der Görlitzer Stadtplaner um 1900. Kunstvolle schmiedeeiserne Gitter, verspieltes Mauerdekor, edle Haustüren, geräumige und üppig begrünte Balkone, farbige Glasfenster – und alles ohne die Schwere und den Bombast, von denen wilhelminisches Bauen in vielen Großstädten geprägt ist.
Nur einen Katzensprung entfernt liegt der Naturschutz-Tierpark Görlitz, der 120 heimische und exotische Tier-

Westseite der Empfangshalle, das gesamte Bahnhofsgebäude steht seit 1984 unter Denkmalschutz.

arten in einem gepflegten Park beherbergt. Vor wenigen Jahren wurde er als bester kleiner Zoo Deutschlands ausgezeichnet.

Von hier aus kann man die Straßenbahn nehmen oder noch eine reichliche halbe Stunde weiter nach Süden spazieren, um eines der Wahrzeichen von Görlitz zu erreichen – die Landeskrone. Der heute dicht bewaldete Hausberg der Görlitzer ist der Schlackenkegel eines erloschenen Vulkans. An den Hängen stößt man auf geschützte Pflanzenarten, und wer es bis oben geschafft hat, kann sich in einem Restaurant erfrischen oder den Aussichtsturm besteigen.

*

Vom Rathaus braucht man zu Fuß fünf Minuten bis ins Ausland. Der Grenzübertritt über die 2004 neu errichtete Altstadtbrücke wird nur noch bei den wenigsten den Pulsschlag beschleunigen, vollzieht er sich inzwischen doch ohne alle Kontrollen. Als erstes Gebäude sticht uns in Zgorzelec die Dreiradenmühle ins Auge, vor allem durch den klobigen Anbau eines Getreidesilos, der vor einigen Jahren durch ein riesiges Mosaik-Gesicht verschönert wurde. In den historischen Räumen befindet sich heute ein Restaurant, in dem man „litauische Zeppeline" probieren sollte.

Das Gelände neben der Mühle, viele Jahre ein verwildertes Niemandsland, wird gerade durch eine an historische Vorbilder angelehnte Neubebauung aufgewertet. Ein paar Schritte neißeaufwärts stoßen wir auf eine geschlossene alte Häuserzeile, in welcher ein kleines rotes Haus viele Touristen anzieht: Hier lebte Jakob Böhme von 1598 bis 1610, hier kam ihm beim Anblick der Sonnenstrahlen, die auf ein Zinngefäß fielen, eine Erleuchtung, die sein Weltverständnis nachhaltig prägen sollte.

Nach dem Besuch der kleinen Gedenkstätte sollten Sie auch einmal ins benachbarte Café schauen: Unzählige historische Porträtfotografien bedecken die Wände im ersten Stock. Schnittige Militärs, ehrenwerte Großmütter, ernst dreinblickende Kinder –

Die um 1900 erbaute Oberlausitzer Ruhmeshalle, heute „Dom Kultury"

wer könnte schon immer sagen, ob es Deutsche sind oder Polen? Noch eine Viertelstunde die Neiße entlang spaziert, und man erreicht einen kleinen Park, in dessen Mitte sich das heute als Veranstaltungsort genutzte *Dom Kultury* erhebt, die einstige „Oberlausitzer Ruhmeshalle", ein monumentaler, überkuppelter Prunkbau aus wilhelminischer Zeit.

*

Hinab in die Görlitzer Unterwelt! Etliche Altstadthäuser haben Keller, die mehrere Jahrhunderte älter sind als die oberirdisch sichtbaren Stockwerke. Am einfachsten zugänglich sind sie in einigen Restaurants, wo sie manchmal zu stimmungsvollen

Gasträumen geworden sind. So können Sie im *Dreibeinigen Hund* bis ins „Hundeloch" hinabsteigen, allerdings besser nicht in der Christnacht!
Schöne Kellergewölbe birgt auch das Restaurant *Zur schwarzen Kunst*. Hier kann man gut erkennen, dass nicht nur über, sondern auch unter der Erde in mehreren Etagen gebaut wurde. Eine spektakuläre Entdeckung kann man im Restaurant *Destille* machen: Erst geht es endlos viele schummerige Stufen hinab bis in einen Keller unter einem Keller, und schließlich steht man in einer Mikwe, einem jüdischen Bad aus dem 14. Jahrhundert! Durch ein Tauchbecken, das einst der rituellen Reinigung diente, fließt unaufhörlich etwa acht Grad kaltes Wasser.

Ausflüge in die Umgebung

Bautzen

Hoch über der Spree liegt auf einem Granitplateau eine der schönsten Altstädte Deutschlands. Die malerische und turmreiche Silhouette weckt Erwartungen, die bei einem Bummel durch die mehr als tausendjährige Stadt nicht enttäuscht werden. Sehenswert sind neben vielen farbenfrohen barocken Bürgerhäusern die Ortenburg, die Stadtbefestigung, die Domschatzkammer und der sich merk-

Altstadtansicht von Bautzen

lich zur Seite neigende Reichenturm. Der Petridom ist die älteste Simultankirche Deutschlands: Seit 1524 wird er von Katholiken und Lutheranern gemeinsam genutzt (wenn auch nicht gleichzeitig ...).

Bautzen ist die administrative und kulturelle „Hauptstadt" der Sorben, eines kleinen slawischen Volkes, das seine Identität, Sprache und Traditionen bis heute zu bewahren wusste. Viele Beschriftungen in der Stadt sind in Deutsch und Sorbisch gehalten; im Sorbischen Museum und im Haus der Sorben erfährt man Wissenswertes über Geschichte und Gegenwart dieser nationalen Minderheit, und auch die Spezialitäten der sorbischen Küche kann man in Bautzen verkosten.

Bolesławiec

Das schlesische Bunzlau ist heute eine hübsche polnische Stadt mit 40 000 Einwohnern. Bunzlau war weithin bekannt als Geburtsort von Martin Opitz, dem „Vater der deutschen Dichtkunst", aber vor allem durch seine herrliche Keramik. Die Tonwaren mit ihrem typischen Dekor und den dominierenden Farben Dunkelblau und Weiß werden noch heute vor Ort in mehreren Manufakturen hergestellt.

Kulturinsel Einsiedel

Am östlichsten Punkt Deutschlands, bei Zentendorf, geht es seltsam zu: Hier findet man Abenteuerspielplätze für Kinder, aber besonders auch für Erwachsene, ein Wasserdämonental, ein Kühlkammerkino etc. Und wer sich entschließt, die Nacht im Baumhotel in zehn Meter Höhe zu verbringen, kann vielleicht von ferne ein schauerliches Geheul hören – wenige Kilometer nördlich ist die größte wildlebende Wolfspopulation der Bundesrepublik zu Hause.

Frydlant

Die tschechische Kleinstadt birgt ein Schloss, das Albrecht von Wallenstein, dem Generalissimus der kaiserlichen Truppen im Dreißigjährigen Krieg, gehörte. Der eindrucksvolle Bau weist Elemente aus Gotik, Renaissance und Barock auf und hat eine prächtige In-

Kulturinsel Einsiedel: Abenteuerspielplatz für Groß und Klein

neneinrichtung, die im Rahmen von Führungen besichtigt werden kann. An den Außenmauern findet man die unverwechselbaren, im 16. Jahrhundert von italienischen Künstlern geschaffenen Sgraffitodekorationen.

Herrnhut

Das Städtchen ist weltweit bekannt als Keimzelle der Herrnhuter Brüdergemeine, die im 18. Jahrhundert unter dem Schutz des Grafen von Zinzendorf aus mährischen Glaubensflüchtlingen entstand. Die pietistisch geprägte Bewegung entfaltete bald eine rege Missionstätigkeit, von der das Völkerkundemuseum mit seinen berührenden und manchmal auch sonderbaren Exponaten zeugt. Sehenswert sind außerdem der Kirchensaal und der historische Gottesacker der Brüdergemeine. Und vielleicht erstehen Sie als Andenken einen der beliebten Herrnhuter Weihnachtssterne?

Löbau

Die Kleinstadt gefällt durch ein Ensemble barocker Bürgerhäuser am Markt und in den angrenzenden Straßen. Wirklich einzigartig sind aber zwei Sehenswürdigkeiten außerhalb des historischen Zentrums: Das Haus Schminke, eine Ikone der modernen Architektur, entstand 1930-33 nach Plänen von Hans Scharoun, der später auch die Berliner Philharmonie entwarf. In seiner eleganten, geschwungenen Linienführung erinnert es an einen Schiffsrumpf. Auf dem Löbauer Berg erhebt sich ein Meisterwerk des frühen Industriezeitalters – der 28 Meter hohe gusseiserne König-Friedrich-August-Turm, finanziert von einem reichen Bäckermeister und errichtet im Jahre 1854 aus mehr als tausend Einzelteilen. Die Wendeltreppe führt auf verschiedene Plattformen, aber mehr noch als die Fernsicht beglückt der Nahblick auf die filigrane Ornamentik des Turms.

Obercunnersdorf

Der Erholungsort wurde als eines der schönsten Dörfer Deutschlands und der Europäischen Union ausgezeichnet und beeindruckt durch etwa 250 Umgebindehäuser. Dieser historische Haustyp ist eine Verbindung von slawischem Blockhaus und altem fränkischen Fachwerkbau.

Die Blockstuben boten einst gute Bedingungen für die Heimweberei, denn die von den Webstühlen ausgelösten Erschütterungen übertrugen sich nicht auf die tragenden Teile des Hauses. Die Giebel sind häufig mit Schiefer verkleidet, und man stößt noch auf alte Türstöcke aus Sandstein oder Granit. Viele Umgebindehäuser werden von malerischen Gärten eingerahmt.

Ostritz

Die beschauliche Kleinstadt an der Neiße hat um den Markt herum ein schlichtes und doch stimmungsvolles historisches Bauensemble zu bieten – und besitzt einen Bahnhof, der in Polen liegt! Mit viel Ehrgeiz haben die Ostritzer ihren Heimatort zur „ökologischen Modellstadt" entwickelt, die beispielsweise ihren Energiebedarf aus regenerativen Quellen deckt. Unbedingt sehenswert ist das Kloster St. Marienthal am südlichen Ortsrand. Seit mehr als 750 Jahren wird es ununterbrochen von Zisterzienserinnen bewohnt.

Die weitläufige Anlage im Barockstil, ein Traum in Pastellfarben, umfasst neben der Klosterkirche und den Wohnbauten auch viele historische Wirtschaftsgebäude, ein Schau-Sägewerk, einen Garten der Bibelpflanzen und sogar einen Weinberg – natürlich den östlichsten Deutschlands.

Frauenkloster St. Marienthal

Zittau

Im südöstlichsten Zipfel von Deutschland, im sogenannten Dreiländereck, liegt die einstmals reiche Handelsstadt, die nach 1945 durch Vernachlässigung und Umweltverschmutzung viel von ihrem Glanz verlor. Randlage und Abwanderung graben den Stadtvätern noch heute manche Sorgenfalten auf die Stirn, aber der bedeutende historische Baubestand ist weitgehend restauriert.

Die Altstadt verströmt ein heiteres, beinahe südländisches Flair und bietet mit Fürstenherberge, Salzhaus von 1511 oder Fleischerbastei zahlreiche Sehenswürdigkeiten. Einzigartig ist das Große Zittauer Fastentuch, eine riesige textile Bilderbibel aus dem Jahre 1472, präsentiert in der größten Museumsvitrine der Welt im Museum „Kirche zum Heiligen Kreuz". Südlich der Stadt erhebt sich das Zittauer Gebirge, das kleinste Mittelgebirge Deutschlands, mit malerischen Dörfern, bizarren Felsformationen und zahlreichen Wander- und Wintersportmöglichkeiten. Besteigen Sie seinen höchsten Gipfel, die Lausche (792 m), suchen Sie dort nach Phonolithen oder Klingsteinen und fahren Sie mit der Schmalspurbahn nach Oybin mit seiner romantischen Klosterruine auf einem seltsam bienenkorbähnlichen Berg!

*

Aus dem lieferbaren Mini-Angebot

Natur & Gesundes

Alte Gemüsesorten · Aronia · Backen einmal anders · Bauernweisheiten durchs Jahr Blüten für Genießer · Essen von der Wiese Essbares von Bäumen & Sträuchern Gesundes Kraut · Heilkräuterbüchlein Herbe Beeren · Hildegard von Bingen Heiter bis wolkig. Vom Wetter Holunder-Rezepte · Honig · Ingwer Kleine Kräuterapotheke · Küchenkräutergarten Kürbisbüchlein · Multitalent Zwiebel Mythos Ginkgo (auch engl.) Neues Katzenbüchlein · Noch mehr Essen von der Wiese · Quinoa. Das gesunde Inka-Korn Salbei · Sanddorn-Rezepte · Tomatenbüchlein Vegane Küche

Essen & Trinken

Alles gewickelt & gerollt · Backen & Naschen Bento – Genuss „to go" · Berlin-Brandenburg kulinarisch · Brot backen · Essen wie im Mittelalter · Feines Dinkelgebäck · Filinchen Fingerfood · Fisch-Kochbuch · Gewürze Grillen exotisch · Kaffeevergnügen Kochbüchlein Schweiz · Lauter scharfe Sachen Marmelade & Gelee · Mecklenburg-Vorpommern kulinarisch · Milch-Büchlein Pasta vegetarisch · Sachsen kulinarisch